"노트법이 창조적인 생각을 낳는다!"

창조성 대가들의 노트법에서 영감을 얻어 개발한 〈다빈치 노트〉는 평생 써먹을 수 있는 기술이다. 이 노트는 제목, 정보, 생각, 요약 등 4개의 영역으로 이루어진 사고의 틀을 제공한다. 익숙해질 때까지는 어려움이 예상되지만, 일단 숙달된 후에는 모든 일에 사용할 수 있다. 요리 레시피나 여행 계획은 물론이고, 독서록, 영화평도 남길 수 있다. 〈다빈치 노트〉는 바로 이 노트법에서 탄생한 나의 첫 번째 결과물이다.

■ 내 인생을 바꾼 노트들

- 〈일정 계획 노트〉 : 분기, 월간, 주간, 일, 시간 단위로 세세하게 일정을 짜서 실행하는 시간 정복 노트
- 〈마인드맵 노트〉 : 키워드를 중심으로 보조 정보를 시각적으로 배치하여 양 뇌를 움직이는 노트
- 〈오답 노트〉 : 선택과 집중을 통해 반복 학습, 동기 부여를 통해 자기 효능감을 높이는 노트
- 〈시나리오 강의 노트〉 : 녹취록으로 생생한 언어를 그대로 기록한 후 핵심 내용만 편집하여 정리한 노트
- 〈콘셉트와 카피라이팅 노트〉 : 콘셉트에 대한 다양한 개념을 중심으로 핵심 콘셉트에서 창조적인 결과물을 도출하는 기획 노트

■ 생각을 정리하는 노트 원칙

원칙 1 : 반복적으로 노트의 틀을 활용해서 아이디어와 생각을 정리

원칙 2 : 하나의 주제는 펼침면을 기준으로 한 장에 정리, 제목 필요

원칙 3 : 객관적인 정보와 주관적인 생각을 확실하게 구분할 것

원칙 4 : 주제에 대한 자신의 생각은 감성 언어(자기만의 문체)로 요약해서 정리해 놓을 것

원칙 5 : 완성된 페이지는 차례에 쪽 번호와 함께 제목을 적을 것

마치 지도처럼 한 눈에 볼 수 있도록 시각화할 것!

노트를 펼치는 순간 자기 효능감이 높아진다!

감성 언어로 내용을 재구성하는 것은 가장 효율적인 기억 전략(조직화, 정교화)

사고의 흐름을 만들어내는 틀을 활용해 아이디어를 도출하는 노트의 레이아웃이 필요!

▼

패턴적 사고를 도와주는 노트법

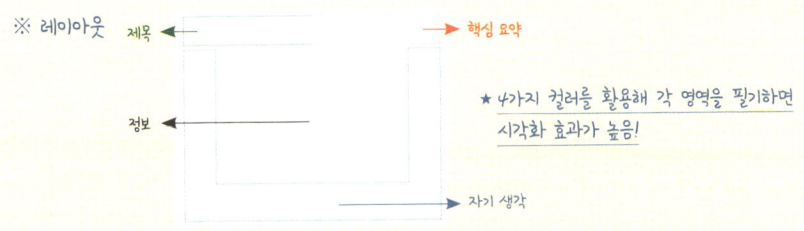

※ 레이아웃 — 제목, 핵심 요약, 정보, 자기 생각

★ 4가지 컬러를 활용해 각 영역을 필기하면 시각화 효과가 높음!

〈다빈치 노트〉의 기본 사용법 I

● **한 장으로 정리하라**
펼침면을 기준으로 제목, 정보, 자기 생각, 핵심 요약 등 4영역으로 구분하여 하나의 주제에 관한 내용을 한 장으로 정리한다.

주의
모든 주제를 '한 장'으로 완벽하게 정리하겠다고 욕심을 부리다가는 서너 페이지도 못 채우고 지치고 만다. 그러면 노트는 자연스럽게 처박혀 버린다.

● **제목을 달아라**
주제를 분명하게 드러내는 제목은 낙서와 노트를 구분하는 중요한 기준이다. 제목은 간단하고 명확하게 적고 제목 아래 부제 형태로 목적이나 주제를 한 문장으로 풀어서 적는다.

팁
정보 영역에 필기할 때도 소제목을 활용하면 필기 속도가 빨라지고 일목 요연하게 내용을 정리할 수 있다.

● **정보와 생각을 구별하라**
노트 가운데의 모눈 구역은 정보나 사실을 적고 여백에는 자기 생각이나 의문사항(보충 설명)을 적는다. 정보와 생각을 지도처럼 시각화하면 기억력이 좋아지고 아이디어를 낳는 연합적 사고력도 높아진다.

제목, 소제목

아이디어와 생각 정리를 위한
다빈치 노트

Vinci notes
매뉴얼

최지은 지음 | 김영철 기획·감수

> 펼쳐진 노트에 깨알 같이 채워진 글자들은 저마다 의미 있는 생각, 감정을 갖고 있었고 원래 자리 잡은 지면을 떠나 다른 페이지에서 뭉치고 쪼개지면서 새로운 아이디어를 낳았다. 공부를 하고, 회의를 하고, 분석과 구상을 하는 시간들이 고스란히 노트에 담겨 나의 사적인 역사를 만들어나갔다. 즐겁고도 뜻깊은 순간들이 노트 위에 펼쳐지고 있었다.
>
> 본문 중에서

〈다빈치 노트〉 설명서
창조적인 사람들의 노트에서 훔쳐온 노트법의 비밀

04

"창조적인 사람들에게는 자기만의 연장통이 있다?"
_스티븐 킹

■ **창조적인 사람이란?**
번뜩이는 아이디어를 단단히 붙들어 오랜 시간 갈고 닦은 후, 숙련된 솜씨를 발휘해 결과물을 창출하는 사람.

■ **다빈치, 뉴턴, 아인슈타인의 연장통은?**
17,000여 페이지의 노트를 쓴 다빈치. 자신의 노트를 유산으로 남긴 뉴턴, 사고 실험으로 상대성이론을 만들어낸 아인슈타인의 실험실은 바로 노트.

■ **그들은 어떻게 노트를 썼을까?**
- 다빈치 : 다양한 관심사를 한 권의 노트에 기록. 펼침면 위에 핵심 아이디어를 스케치한 후 객관적인 정보와 관찰 내용, 생각의 발전 과정을 적음. 새로이 알게 된 개념과 기존에 알고 있던 개념을 결합하여 아이디어를 발전!
- 뉴턴 : 〈독서 노트〉, 〈실험 설계 노트〉, 〈연구 노트〉 등 세 권의 노트를 사용. 각 노트에서 두 가지 이상의 지식이나 이론을 접목해 연결하거나 모순을 찾아내 연합적 사고로 문제를 해결!
- 아인슈타인 : 말이나 글자로 알게 된 정보를 머릿속에서 살아 움직이는 영상으로 바꿔 이해한 후 자신의 언어로 증명 과정을 기록. 노트를 확산적 사고와 수렴적 사고를 동시에 펼쳐놓는 자신만의 실험실로 활용!

'브레인라이팅'은 어떤 방식으로 쓰느냐에 따라 아이디어의 산출량을 늘릴 수도 있고, 좋은 아이디어를 골라내거나 합쳐 발전시킬 수도 있다!
▼
"노트는 창조성의 도구!"
"노트가 창조적인 생각을 낳는다!"

※ **기억 전략** (지각을 통해 작업 기억으로 활성화된 정보를 장기 기억으로 넘기는 방법)
- 시연 : 중요한 내용에 밑줄을 긋거나 색깔을 입혀 강조하며 여러 번 적으면서 외우기
- 조직화 : 비슷하거나 서로 연관된 것을 한 데 묶어 덩어리로 기억
- 정교화 : 기존에 알고 있던 장기 기억의 정보와 연계하여 통합하거나 새로운 정보로 가공하여 기억
- 심상법 : 특정 이미지와 연결하거나 영상화하여 기억

〈다빈치 노트〉의 4영역

핵심 요약

정보

**자기 생각 및 의문사항
(보충 설명)**

〈다빈치 노트〉의 기본 사용법 II

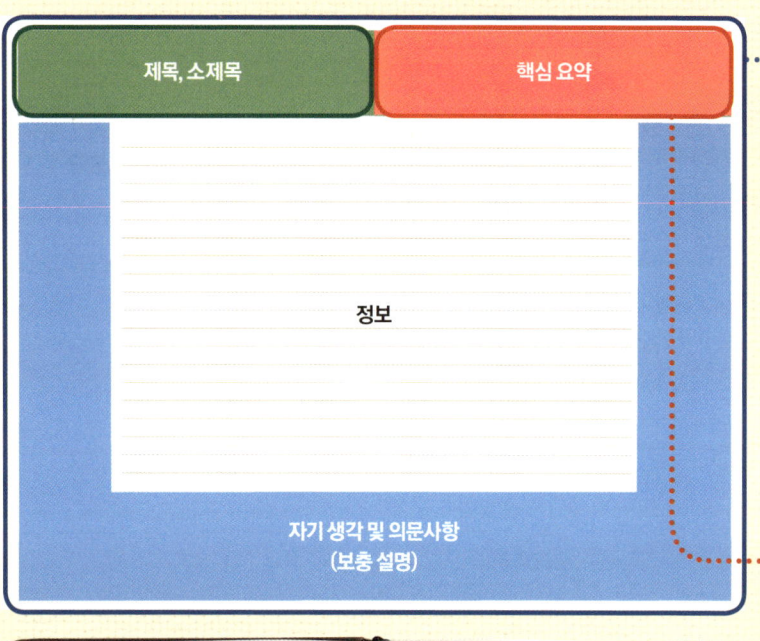

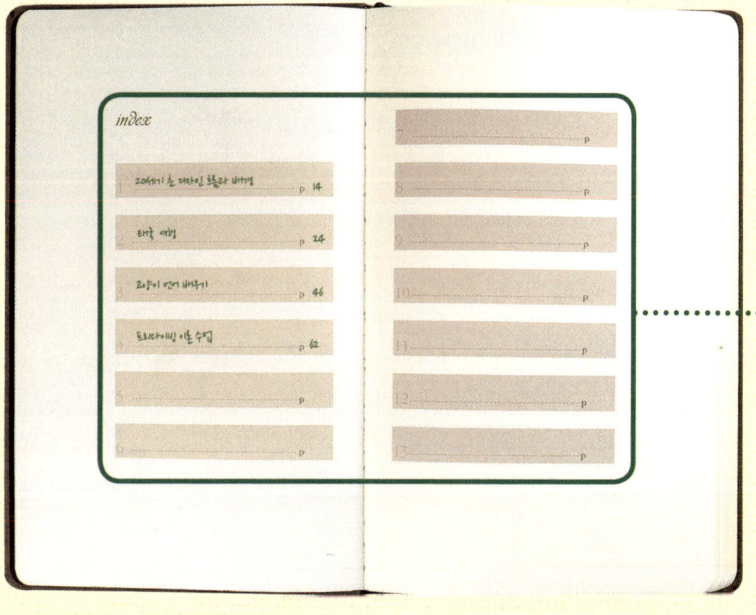

컬러는 규칙이다

노트 내용을 시각화하는 가장 쉬운 방법은 글씨 색상에 규칙을 부여하는 것이다.
- **초록 글씨** : 제목, 소제목
- **검정 글씨** : 정보 영역
- **파랑 글씨** : 자기 생각 및 의문사항(보충 설명)
- **빨강 글씨** : 핵심 요약

주의
색상 규칙은 취향에 따라 자유롭게 정할 수 있으나 한 번 정한 규칙은 지속적으로 유지해야 한다. 또한 4가지 이상의 색상 규칙을 활용하면 뇌에 과부하가 걸릴 수 있다는 점도 유의하자.

감성 언어로 요약하라

핵심 요약을 정리할 때 공을 가장 많이 들여야 한다. 감정이나 느낌, 생각을 중심으로 자신만의 어투를 살리는 게 좋다. 서술어가 들어가는 완성형 문장으로 써보는 훈련이 필요하다.

팁
마치 연애편지나 일기를 쓸 때처럼 핵심 요약은 오글거려도 좋다. 자신의 생각으로 다시 쓰는 과정은 기억 전략을 활성화시켜 고차원적인 인지 작용을 일으킨다.

차례를 작성하라

하나의 주제에 관하여 '한 장'을 완성한 후에는 해당 페이지의 제목과 쪽 번호를 노트 맨 앞에 있는 차례(index)에 적는다.

솔로들을 위한 플러스 팁
노트의 맨 마지막 페이지에 꼭 개인정보를 적도록 하자. 애써 정리한 노트를 분실했을 때, 당신의 노트를 보고 반한 미지의 누군가와 특별한 인연을 시작할 수도 있으니까!

노트 샘플 1

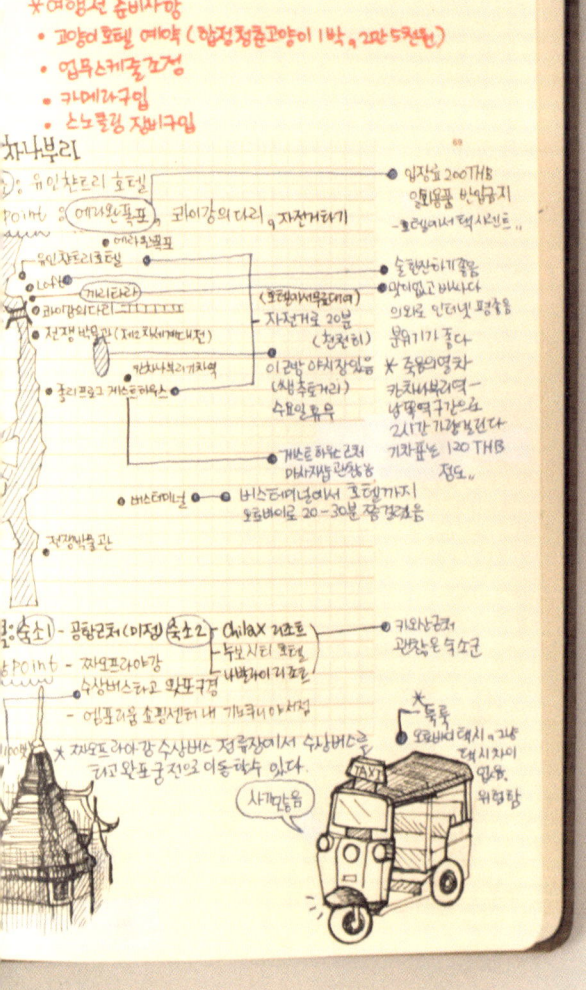

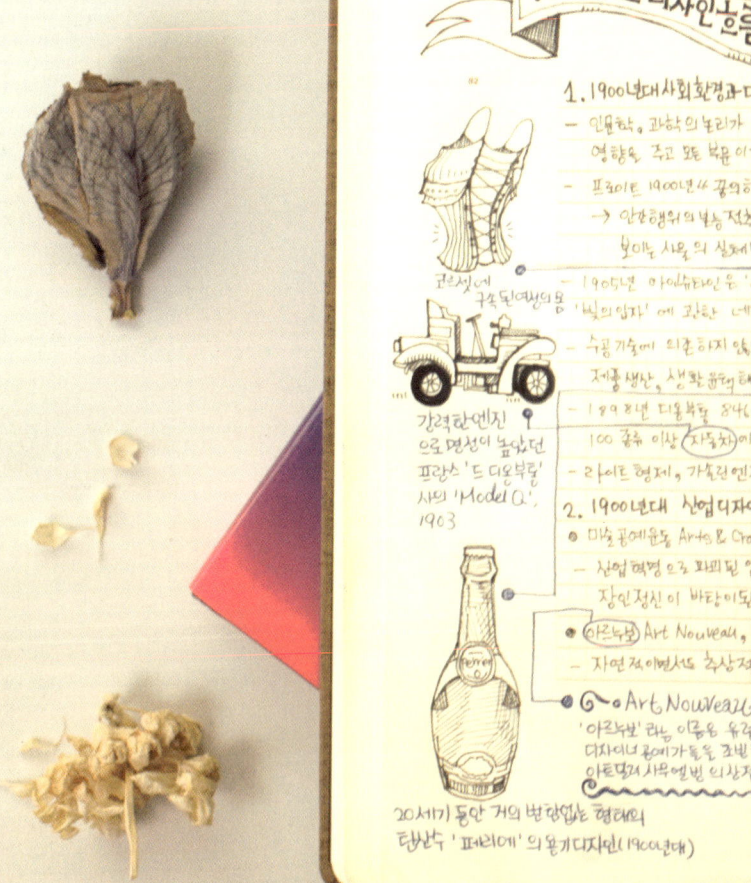

★ 1900년대 디자인 환경 및 흐름 요약
- 인문학, 과학분야가 예술, 디자인영역 영향, 모든 부문이
  발전한 "풍요의시대"
- 산업의 발달로 옷의 복제가 쉽고 스타일의 전파속도가 빨라짐
- 20세기 초부터 특정계층의 주문복 쿠튀르 와 대중을 위한
  기성복 시장으로 나뉨

글래스고 학파 (Glasgow)
여성 대중잡지 직선적 아르누보와 골래스고학파 대표
화려적 선의 강렬함과 섬세하게 흐르는선
양식가 정형화 포함진 이 스타일은 세련된 조형미 대표

1900년대 패션의 양식과 흐름
- 아름다운 시절을 뜻하는 [벨에포크]
- 1901년 에드워드왕 집권기 지칭
  '에드워디안시대' The Edwardian era, 1901-1910
- 공식적 사회분위기로 대변되는 '낙관주의시대'
  the Age of Optimism, 1901-1910

이 시대는 풍요의 시대, 전반적으로 화려한 귀족가 팽배
했으므로, 서구의 패션은 일부의 형태 추구 →
피부가 많은 역담을 품은 인공미 유행
1910년대까지도 가슴과 엉덩이를 강조한 S 실루엣!
이유

르네상스의 영향을 받은 의상은 선, 색채, 재질 에서
새로운 특징이 나타남.
재질이 얇고 부드러운 직물, 사틴, 동식물에서 착안한
모티프가 많이 이용

벨에포크의 반은 패션은 피에르포와
19세기부터 20세기 초의 다른 부분 예술 분야와
같은 가치로 패션을 지유적세계에서 존재하는
예술의 전유물이었음. 강려하고 풍요로우며
귀하고적적 명성이 있는 파리는 누구도
따라올수 없는 최고 사치산업의 중심지였음.

La Belle Epoque
1890-1914
프로이센,프랑스
전쟁후 제1차
대전 전까지
풍요의시대를 지칭

유가지고 유동적
곡물가느는 긴 곡선
형태 선호

세트 구성

아이디어와 생각 정리를 위한
다빈치 노트

〈단행본 + 고급 양장 노트〉 세트
출간일 2016년 02월 23일
분야 경제경영 ▷ 자기계발
가격 20,000원
ISBN 978-89-5975-948-4 14320

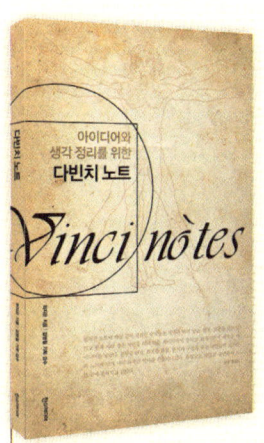

"노트법이 창조적인 생각을 낳는다."
다빈치, 뉴턴, 아인슈타인에게서 찾아낸 노트법의 비밀

1부. 박물관에서 만난 노트
ch1. 다빈치의 노트
ch2. 뉴턴의 노트
ch3. 아인슈타인의 노트
ch4. 세상에서 가장 작은 실험실

2부. 내 서랍 속의 노트
ch1. 평생 써먹을 수 있는 기술
ch2. 대학 문을 열어준 노트
ch3. 시나리오 작가의 연장통
ch4. 콘셉트의 연금술

3부. 창조성을 극대화하는 노트법
ch1. 물고기를 잡는 방법
ch2. 노트의 틀 익히기
ch3. 노트 가지고 놀기
ch4. 노트 응용하기
ch5. 창조적인 사람들을 위한 다빈치 노트

단행본
아이디어와 생각 정리를 위한
다빈치 노트
사양 146*228mm
내지 종이 모조지 | 미색
무선 | 4도 | 208쪽

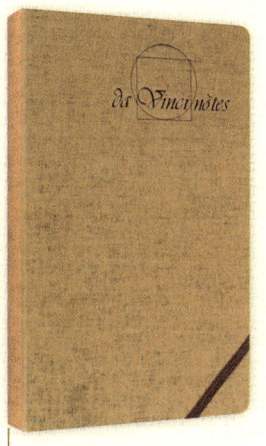

**"창조적인 사람에게는
자기만의 연장통이 있다."** _스티븐 킹
지식에 깊이를 더하고 생각에 탁월함을 불어넣는 〈다빈치 노트〉

창조성 대가들의 노트법에서 영감을 얻고 다년간의 경험과 연구를 거쳐 개발한 〈다빈치 노트〉는 하나의 주제를 중심으로 아이디어와 생각이 여물 수 있게 해주는 씽큐베이터이다.
제목, 정보, 생각, 요약 등 4개의 영역으로 이루어진 틀이 정보와 기억을 연계하여 판단, 추리, 상상, 깨달음을 거쳐 통찰에 이르게 한다. 또한 작업을 지속하도록 동기를 북돋우고 성취감과 자긍심을 높여 고도로 몰입하게 만든다. 〈다빈치 노트〉는 꿈을 이루는 연장통이자 당신만의 작업실이 될 것이다.

고급 양장 노트
다빈치 노트
사양 141.5*223mm
내지 종이 알도 크림 맥스 | 미색
양장 | 1도 | 208쪽 | 밴드

저자 소개

글_ 최지은

이화여자대학교 국어국문학과를 졸업하고 영화사 비단길과 웅진씽크빅 단행본그룹에서 기획자로 일했다. 시나리오 작가로 활동하다가 국내 작가들의 권익을 보호하고 함께 콘텐츠를 만들어가는 저작권 에이전시 고래방을 만들었다. 현재 출판, 영화, 드라마 등 다양한 분야에서 활동하는 크리에이터들과 함께 원천 스토리를 개발하는 작업에 주력하고 있다. 영화 〈음란서생〉, 〈추격자〉를 비롯해 연작소설 『타워』의 기획에 참여했고 청소년을 위한 〈빅히스토리 시리즈〉도 총괄하고 있다.

기획_ 김명철

서울대학교 서양사학과와 심리학과를 졸업하고 동 대학원에서 심리학 석사와 박사학위를 받았다. 지식과 사회와 인간이 종합되어 만들어지는 인류 문명의 창조적 진화에 주된 관심을 두고 있다. 공동 번역한 책으로 『성격심리학』과 『정서심리학』이 있다.

아이디어와 생각 정리를 위한
다빈치 노트

"노트법이 창조적인 생각을 낳는다."

지식에 깊이를 더하고 생각에 탁월함을 불어넣는 〈다빈치 노트〉
엉뚱하고 호기심이 많으며 상상력도 풍부한 당신이 떠올렸던
수많은 아이디어들은 어디로 사라졌을까? 열심히 배우고 부지런히 익혔던
그 많은 지식들은 왜 결정적인 순간에 떠오르지 않는 걸까?
우리가 하루에 평균적으로 접하는 단어의 수는 10만 개가 넘는다고 한다.
잠잘 때를 제외하고 시간당 6,000여 개의 단어를 접한다는 것이다.
엄청난 정보의 쓰나미에서 뇌는 제한된 기억을 더 효율적으로 쓰기 위해
아이디어를 흘려보낸다. 창조적인 사람의 뇌라고 해서 다를 것이 없다.
그래서 그들은 아이디어를 붙잡기 위한 도구로 노트를 사용했다.

기록은 기억보다 강력하다. 쓰는 것만으로 정보를 거르고 생각을 정리할 수 있다.
그로 인해 아이디어는 구체화되고 기억되며 창조적인 결과물로 이어진다.
저자는 수년 동안 창조성 분야의 전문가와 함께
대가들이 남긴 노트를 분석해 창조적 도구, 〈다빈치 노트〉를 개발했다.
〈다빈치 노트〉는 당신의 아이디어를 붙잡고
결과물을 만들어내는 연장통이 되어 줄 것이다.

da Vinci nòtes

to _____

한스미디어

index

1 ---------------------------------- p

2 ---------------------------------- p

3 ---------------------------------- p

4 ---------------------------------- p

5 ---------------------------------- p

6 ---------------------------------- p

7	p
8	p
9	p
10	p
11	p
12	p
13	p

14 ———————————————————— p

15 ———————————————————— p

16 ———————————————————— p

17 ———————————————————— p

18 ———————————————————— p

19 ———————————————————— p

20 ———————————————————— p

21 .... p

22 .... p

23 .... p

24 .... p

25 .... p

26 .... p

27 .... p

28 ———————————————— p

29 ———————————————— p

30 ———————————————— p

31 ———————————————— p

32 ———————————————— p

33 ———————————————— p

34 ———————————————— p

35 —————————————————— p

36 —————————————————— p

37 —————————————————— p

38 —————————————————— p

39 —————————————————— p

40 —————————————————— p

41 —————————————————— p

14

40

44

46

50

60

68

78

80

84

90

100

110

118

126

130

150

174

name
_____

birthday
_____

address
_____

mobile
_____

e-mail
_____

extra
_____

1판 1쇄 인쇄 2016년 2월 23일
1판 2쇄 발행 2016년 4월 25일

지은이 최지은
펴낸이 김기옥

기획1팀 모민원, 권오준, 정경미
프로젝트 디렉터 고래방(최지은)
커뮤니케이션 플래너 박진모
경영지원 고광현, 김형식, 임민진, 김주현

디자인 ZINO DESIGN 이승욱
인쇄·제본 공간

펴낸곳 한스미디어(한즈미디어(주))
주소 04037 서울특별시 마포구 양화로 11길 13(서교동, 강원빌딩 5층)
전화 02-707-0337 | 팩스 02-707-0198 홈페이지 www.hansmedia.com
출판신고번호 제 313-2003-227호 | 신고일자 2003년 6월 25일

ISBN 978-89-5975-947-7 14320
      978-89-5975-948-4 14320(세트)

• 이 책은 저작권법에 따라 보호받는 저작물이므로 무단 전재와 무단 복제를 금합니다.
• 잘못 만들어진 책을 구입하신 서점에서 교환해 드립니다.